INTRODUCTION.

Dans les gouvernemens despotiques, où l'ignorance des peuples fait toute la force des rois, il importe pour la conservation de leur autorité, d'arrêter les progrés des lumières. Fidelles à ce systême odieux, quelques-uns ont banni l'imprimerie; la plupart ont proscrit les ouvrages philosophiques; tous ont hérissé le premier sentier qui conduit aux connoissances utiles, de difficultés qui en écartent le commun des hommes. L'assemblée nationale, au contraire, en fondant la premiére république démocratique, a senti que sa base éternelle devoit être l'instruction du peuple; elle a voulu que tous les citoyens fussent assez instruits pour connoître par eux-même leurs droits et leurs devoirs; et sur les moyens d'y parvenir, requérant de chaque Français le tribut de ses réflexions, elle a, par son décret du 9 pluviôse, proposé d'indiquer la meilleure méthode pour aprendre à lire et à écrire.

Celles qu'on a suivies jusquà ce jour, sont plus ou moins défectueuses.

Dans toutes les écoles on enseignoit d'abord à

lire aux jeunes gens. Le peu d'intérêt qu'ils prenoient à l'étude de figures qui leur étoient étrangères, les difficultés qui se présentoient tout à-coup à leur esprit, les moyens violens auxquels il falloit avoir recours pour fixer leur attention, tout ralentissoit leurs progrès, au point que la plupart lisoient à peine correctement au bout de dix-huit mois.

La perte d'un tems précieux qu'on pouvoit employer à l'acquisition d'autres connoissances, n'étoit pas le seul inconvénient de ces méthodes: elles convertissoient les heures de la classe en autant d'heures de chagrin; elles inspiroient aux écoliers un dégoût qui a souvent influé sur toute la carrière de leurs études.

Les progrès étoient encore plus lens dans quelques écoles où l'on commençoit par faire lire dans des livres latins.

Enfin, la méthode qui consistoit à aprendre à lire en jouant avec des cartes ou des dez, énervoit le courage en épargnant toute contention d'esprit; et les enfans finissoient toujours par se rebuter des premières difficultés qu'ils rencontroient par la suite.

On évitera ces inconvéniens, si l'on enseigne en même-tems à écrire, à lire et à écrire sous la dictée.

MÉTHODE

POUR APRENDRE EN MEME TEMS

A ÉCRIRE, A LIRE

ET

A ÉCRIRE SOUS LA DICTÉE.

A L'USAGE DES ÉCOLES PRIMAIRES.

Ce livre peut également servir pour aprendre à lire suivant les méthodes ordinaires.

PAR HYACINTHE GAVARD.

L'ignorance des peuples fait toute la force des rois.

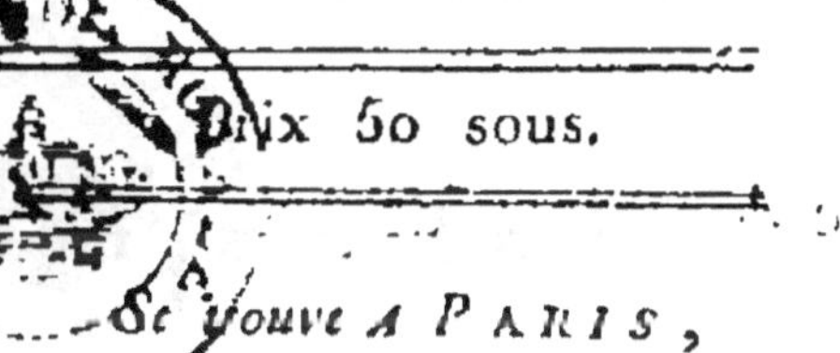

Prix 50 sous.

Se trouve A PARIS,

A l'Imprimerie de l'UNION, rue neuve Augustin, n°. 21.

Et chez
- MÉQUIGNON, rue des Cordeliers.
- DEVAUX, Jardin Égalité, galleries de bois, n°. 181.
- VILLIÉS, quai des Augustins, n°. 41.
- DÉROI rue du cimetière André, n°. 15.
- DELALAIN le jeune, rue Jacques.
- BELIN, rue Jacques.
- GAYE l'aîné, au collège de France.
- MAÇON, BESSON et BOSLANGES, associés, rue des Mathurins.
- ONFROI, rue Victor.
- L'AUTEUR, rue du Plâtre-Jacques, n°. 28.

L'AN IIIe DE LA RÉPUBLIQUE.

BIBLIOTHÈQUE NATIONALE

Pour empêcher les contrefaçons de cet ouvrage, j'en signerai tous les exemplaires de ma propre main. Je prie les amis de la justice qui découvriroient ces contrefaçons de vouloir bien m'en avertir.

rue du Plâtre Jacques, n°

Cette méthode réunit tous les avantages (1). Elle s'accorde avec l'inclination des enfans à qui la nature, afin d'opérer leur développement phisique, a donné plus d'aptitude et de goût pour les mouvemens du corps, que pour l'exercice des facultés intellectuelles. Pour s'en convaincre, il

---

(1) Je l'imaginai et la divulguai il y a quatre ans, lorsqu'étant membre de la société des patriotes Allobroges, je fus en son nom demander au département et à la convention, un local pour établir, en faveur de tous les ramoneurs de Paris, un comité d'instruction chargé de leur aprendre à lire, à écrire et le catéchisme de la liberté. Le directoire du département fit imprimer notre pétition et la fit afficher dans tout Paris.

Quelque tems après je fis l'essai de cette méthode sur une jeune personne dont l'éducation avoit été négligée, et qui en moins de quatre mois apprit à lire, à écrire correctement, et assez bien l'ortographe pour éviter les fautes grossières. J'avois soin en même tems de lui donner quelques notions de grammaire.

Enfin, ayant été nommé au quartier de santé de l'École de Mars, je proposai d'instruire, suivant la même méthode, quelques élèves qui ne sauroient ni lire, ni écrire, et qu'on choisiroit parmi ceux qui paroîtroient avoir le moins de dispositions. Les représentans du peuple près cette école, qui ont souvent assisté aux leçons, et plusieurs membres du comité de salut public, ont été témoins des progrès des élèves. Ces progrès ont été également constatés par des commissaires nommés par le comité d'instruction publique.

ne faut qu'observer un enfant, la première fois qu'il entre dans une école : à peine jette-t-il les yeux sur quelques pages d'un livre ; mais il saisit avec empressement la première plume, et barbouille tous les papiers qu'il rencontre.

En second lieu, les figures que les écoliers tracent sous la direction d'un maître, ils les regerdent comme leur propre ouvrage ; ils doivent donc les considérer avec plus d'intérêt, que les lettres d'un livre qui leur sont étrangères. Aussi ces figures se gravent-elles avec plus de facilité dans leur mémoire : elles s'y gravent si profondément, qu'ils ne les oublient jamais. On en peut dire autant des sillabes et des mots : en suivant cette méthode, les élèves retiennent plus facilement les lettres qui entrent dans leur composition, ce qui les familiarise de bonne heure avec cette partie de l'ortographe qui ne dépend que de l'usage.

On présume par là combien on peut économiser de tems en réunissant deux études qui s'entr'aident, pour ainsi dire, et se servent mutuellement de délassement. L'expérience m'a appris qu'il faut beaucoup moins de tems pour les deux ensemble, que pour chacune d'elles séparément.

Un autre avantage de ma méthode est qu'elle

favorise tellement l'enseignement, qu'avec un petit nombre d'instituteurs, on peut former un très-grand nombre d'élèves. Il ne faut pour cela que placer dans les écoles, un tableau sur lequel on trace les lettres, les sillabes, etc. Si l'école étoit nombreuse, l'instituteur pourroit se faire aider par un adjoint qui parcourroit les rangs, pour redresser les fautes des élèves, et s'assurer de leur bonne prononciation.

Outre les avantages attachés à l'essence de cette méthode, elle peut en présenter d'accessoires qui dépendent de la manière de la développer. J'ai tâché de les réunir tous, en m'accomodant à la marche naturelle de l'esprit humain; en procédant toujours du plus simple au plus composé; en graduant les difficultés de manière que la première vaincue sans trop de peine ou pour mieux dire, avec plaisir, fasse naître le desir de rencontrer la seconde, et donne la force de la surmonter. C'étoit le seul moyen d'inspirer aux enfans le goût du travail et de leur en faire contracter l'habitude.

Voici la manière de procéder.

Dans les deux leçons du premier jour, l'instituteur montrera aux élèves l'attitude qu'il faut prendre pour écrire, la position qu'il faut donner au papier, la manière de tenir la plume et de poser la main. Ensuite, il fera tracer des traits semblables à ceux-ci :

pour aprendre à fléchir les trois premiers doigts, tandis que les deux autres restent fixés sur le papier ; et pour aprendre à former les pleins et les déliés. A mesure que les élèves traceront les deux premières espèces de traits, il leur fera remarquer le mouvement que le pouce imprime à la plume, pour la ramener alternativement sur son plein et sur son angle. Il sera bon, pour donner de la souplesse aux doigts, de répéter le même exercice, plusieurs jours, au commencement de chaque leçon.

Le second jour l'instituteur commencera à montrer les lettres de l'alphabet de la manière suivante. Il tracera un *O* sur un cahier s'il donne des leçons particulières, et sur un tableau s'il enseigne publiquement ; il le nommera, il le fera écrire et nommer par l'éléve. Il lui fera tracer plusieurs fois la même lettre : ayant soin qu'il la nomme chaque fois qu'il l'écrira. Ensuite il tracera un *ô*, il le nommera, le fera de même écrire et nommer par l'éléve. Puis il tracera un *i*. Enfin, joignant l'*i* à l'*o*, il en fera un *a* et un *â*. Voyez page 1.

Après avoir donné à cet exercice une partie de la leçon, l'instituteur emploira l'autre à faire écrire les mêmes lettres sous la dictée, à les faire lire sur le cahier ou le tableau, et sur ce livre élémentaire : rapprochement qui familiarisera l'élève avec les lettres imprimées, en même tems qu'il aprendra les lettres écrites à la main.

Les jours suivans, après avoir parcouru les autres lettres de l'alphabet, l'instituteur passera aux sillabes simples, aux sillabes composées et aux mots. Mais, je le répete encore, parce que ce soin est absolument nécessaire pour tirer de ma méthode tous les avantages qu'elle renferme, il faut toujours faire nommer par l'éléve les lettres, les sillabes, à mesure qu'il les écrira sous la dictée ; et les faire lire tant dans ce livre que sur le cahier.

Il me reste à rendre compte des innovations que présente cet ouvrage élémentaire.

Dans l'étude des lettres, j'ai placé à côté des

voyelles nues, les mêmes voyelles revêtues des signes qui font varier leur son, *a à*, *o ô*, *e é è*. Ce moyen habitue les élèves à bien prononcer, à ortographier dès les premiers jours ; il sert aussi à mieux fixer leur attention.

Dans l'étude des sillabes, j'ai interverti l'ordre naturel des voyelles qui entrent dans leur composition : par exemple, après *ba be bi bo bu*, *ca cé ci co cu*, j'ai placé *da do di du dé*, *fo fé fu fi fû*, etc. afin que les élèves ne pouvant lire aucune de ces sillabes par cœur, ils soient obligés de fixer les yeux sur chacune d'elles et de s'en former l'image.

A mesure qu'il s'est présenté des sillabes composées de plusieurs lettres ou des mots qui renfermoient des sillabes de cette espèce, j'ai eu soin de décomposer ces sillabes, pour en faciliter l'étude ; par exemple, j'ai écrit : *ra cra*, avant le mot *démocratique*, j'ai écrit *eu eur leur* avant le mot *pâleur*, *uc ruc fruc*, *or dor* avant le mot *fructidor* : l'expérience m'ayant fait connoître l'utilité de cette marche, je l'ai suivie encore dans les premières pages des exemples ; et je recommande aux instituteurs de la suivre tant qu'ils verront que les élèves en auront besoin.

J'ai divisé l'ouvrage par leçons qui doivent se donner chaque jour. Ce moyen a l'avantage des divisions méthodiques : il soulage l'imagination des élèves, en n'exposant sous leurs yeux, au commencement de chaque leçon, que ce qui doit en être l'objet; il soutient leur courage en leur montrant des points de repos. Mais il peut se rencontrer des motifs qui nécessitent une division différente de celle que j'ai tracée : c'est à l'instituteur à les apprécier.

Je ne parlerai pas de l'utilité de commencer toujours une leçon par la répétition de la précédente; de la nécessité de répéter pendant deux jours une leçon que les écoliers n'auront pas bien apprise; de la nécessité de reproduire souvent les exemples les plus difficiles à saisir; d'établir deux classes d'élèves, afin que les moins instruits ne rallentissent pas les progrès des autres; afin qu'on puisse, en donnant à ceux-là des soins particuliers, les faire bientôt rentrer dans la première classe; afin aussi de présenter à tous un motif d'émulation. Je ne dirai rien non plus de quelques autres moyens qui peuvent s'adapter à toutes les méthodes, et que la pratique de l'enseignement ne manquera pas de suggérer aux instituteurs.

Un article du dernier décret de la convention nationale sur les écoles primaires porte que les exemples de lecture et d'écriture rappelleront aux enfans leurs droits et leurs devoirs; un autre article du même décret enjoint de leur faire aprendre la déclaration des droits de l'homme et la constitution. Pour remplir ce double but, et pour éviter la multiplicité des livres, j'ai choisi pour exemples cette déclaration des droits de l'homme, la constitution, quelques maximes et des traits de vertu puisés tant dans l'histoire ancienne que dans nos annales républicaines.

MÉTHODE

POUR APRENDRE EN MÊME TEMS A ÉCRIRE, A LIRE ET A ÉCRIRE SOUS LA DICTÉE.

1er. *Jour.*

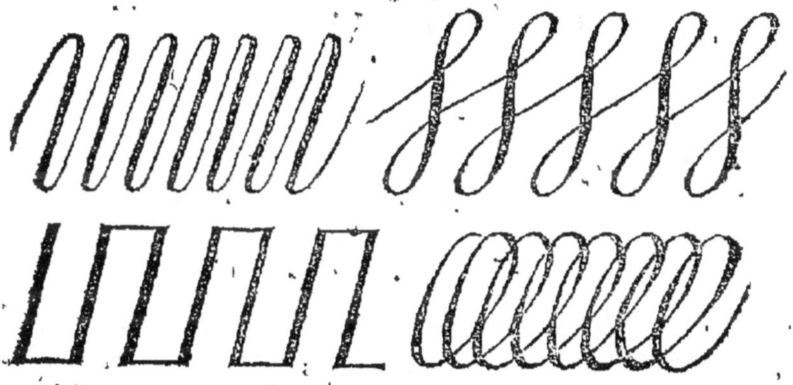

2me. *Jour.*

o ô i a â.

3me. *Jour.*

e é è ê y.

4me. *Jour.*

a b c d

5me. *Jour.*

e f g h

6me. *Jour.*

i j k l m n

7me. *Jour.*

o p q r s t

8me. *Jour.*

u v x y z.

9me. *Jour.*

L'Instituteur emploira les deux leçons de ce jour à faire distinguer les voyelles des consonnes, et à faire aprendre toutes les lettres suivant leur ordre alphabétique.

10me. *Jour.*

ba be bé bè bê bi bo bô bu.
ca ça ce ci co ço cu çu.

Il fera observer ici les différentes manières de prononcer le *C* devant les différentes voyelles; il parlera aussi de la cedille et de sa propriété.

da dô di du dè.
fo fé fu fi fâ.
ga ge gé gè gi go gu.

Il avertira que la prononciation du *G*, de même que celle du *C*, varie devant les différentes voyelles.

11me. *Jour.*

ha ho hi hu hè.
ki ké ku ka ko.
lô lu li la lê.
me mô mâ mu mi.

12me. *Jour.*

né ni nu no na.
pi pê pô pu pâ.
qua que qui quo quu.
rè ri ru ro ra.
sô si sa su se.

13me. *Jour.*

ta te té tè tê ti to tô tu.
tha thi tho thu the.
va vô vu vi vê.
xo xâ xé xi xu.
zi zé za zu zo.

14me. *Jour.*

ab eb ib ob ub.
abs ibs ebs ubs obs.
oc ic uc ec ac.
id od ud ad ed.
of if af ef uf.
ug ag ig eg og.
ol al el ul il.

15me. *Jour.*

am em im om um.
an on un in en.
ap ep ip op up.
ips ops ups eps aps.
or ar ir ur er.
es os us as is.
at et it ot ut.
ix ax ex ux ox.

16me. *Jour.*

la bla bli blè blu blo.
rô crô crê cra scra scru scro.
cha chi cho chu ché.
ca sca sce sci sco scu.
ri dri dro dru frâ frè frô.

le gle glu ni gni gne gno gna.
gua gué gui guo gue guë.

Il parlera de l'ë tréma et de la manière de le prononcer ; il en tracera de tems en tems des exemples qu'il multipliera suivant le besoin que les élèves en auront.

li pli spli pla spla plu splo.
an splan splanc.

17me. *Jour.*

ré pré spré ri pri spro ru pre sprè.
pha phé phi pho phu.
phli phlu phlô phle phla.
phra phri phro phrè phru.
sphâ sphu sphi sphe spho.
lo tlo tli tle tla tlu.
ré tré strè tri stro tra stra.
ri ric tric stric.
ri vri vro vra vre vrè vré.

18me. *Jour.*

er ber, li bli, ra cra, le ble.

é-ga-li-té, li-ber-té. ré-pu-bli-que dé-mo-cra-ti-que, u-ne et in-di-vi-si-ble.

égalité, liberté. république démocratique une et indivisible.

19me. Jour.

ai | mai | mai-son | rai-son. |

Il fera remarquer que dans ces deux derniers mots, l'S se prononce comme un Z : ce qui arrive lorsqu'elle se trouve placée dans le milieu d'un mot, entre deux voyelles. Cette règle n'est cependant pas sans exception : on en trouve une dans les mots *préséance*, *présupposer*.

ain | pain | main | de-main | é-tain. |
ei | pei | pei-ne | nei | nei-ge. |
ein | lein | plein | tein | é-tein-dre. |
aie | baie | raie | craie | fu-taie. |
au | au-be | sau | sau-va-ge. |
eau | peau | veau | cer-veau. |

20me. Jour.

eu | peu | peu-reux | veu | ne-veu. |
eur | peur | leur | pâ-leur. |
oeu | voeu. |
oeur | soeur | coeur. |
yeux.
ieu | pieu | lieu | mi-lieu. |

21me. Jour.

iais | niais | biais | biai-ser.
ian | dian | vian | vian-de. |
iau | miau miau-ler. |
ou | sou | fou | sou-cou-pe. |

iou | iour | chiour | chiour-me. |

22me. *Jour.*

io | fio-le. |
ié | pié | pié-des-tal | diè | diè-te. |
iel | ciel | miel. |
ieil | vieil |
ui | lui | sui-vre | re-lui-re.

23me. *Jour.*

ien | tien | mien | bien-sé-an-ce. |
ail | pail-le tra-vail-ler. |
eil | oeil | leil | so-leil | veil-ler. |
euil | reuil | é-cu-reuil. |
ueil | cueil ê-cueil | cueil-lir. |

24me. *Jour.*

oi | moi | soi | toi | toi-le | toi-son. |
eoi | geoi | man-geoi-re | na-geoi-re.
oir | noir | voir | de-voir. |
oit | il é-cri-voit | il mé-di-toit. |
oient | ils é-cri-voient | ils mé-di-toient |

25me. *Jour.*

oil | poil.
oui | boui. |
ouil | mouil | nouil | fé-nouil | mouil-ler. |
oin | loin soin | be-soin. |

ouin | bouin | ba-bouin. |

26$_{me}$. *Jour.*

our | jour | tour | dé-tour. |

yal | lo-yal | yen | ci-to-yen. |

Il fera remarquer aux élèves, que l'*y* placé entre deux voyelles, se prononce comme deux *i i* dont l'un se joint à la première voyelle, et l'autre à la seconde. Il avertira qu'il conserve même quelque fois cette propriété quoiqu'il ne soit pas placé entre deux sillabes, comme dans les mots *pays*, *paysan* ; mais que, par une exception à la règle, il la perd dans le mot *payen*.

ao | aon | paon | faon. |

eo | eon | geon | pi-geon | plon-geon. |

ea | eàn | jean | en-gean-ce | il ju-gea. |

27$_{me}$. *Jour.*

re bre pré, ou mou, ir rir, en sen nen.

vi-vre li-bre ou mou-rir.

vivre libre ou mourir.

re-pré-sen-ta-ti-on na-ti-o-na-le per-ma-nen-te et pé-rio-di-que.

représentation nationale permanente et périodique.

Il avertira les élèves que quand dans un mot *ti* se trouve placé devant une voyelle, il se prononce *ci* ; excepté dans les mots *tien*, *maintien*, *pitié*, *digestion* et dans plusieurs autres que l'usage aprendra.

28me. *Jour.*

ri pri tri, ar quar, in quin, ex sex, ep sep.

pri-mi-di, du-o-di, tri-di, quar-ti-di, quin-ti-di, sex-tidi, sep-ti-di, oc-ti-di, no-ni-di, de-ca-di.

primidi, duodi, tridi, quartidi, quintidi, sextidi, septidi, octidi, nonidi, décadi.

29me. *Jour.*

en ren, ru bru, ri fri, ai mai, lu plu, er ger, lo flo, ai rai prai, es mes, er ther, uc ruc fruc, or dor.

ven-de-mi-ai-re, bru-mai-re, fri-mai-re, ni-vô-se, plu-vi-ô-se, ven-tôse, ger-mi-nal, flo-ré-al, prai-ri-al, mes-si-dor, ther-mi-dor, fruc-ti-dor.

vendémiaire, brumaire, frimaire, nivôse, pluviôse, ventôse, germinal, floréal, prairial, messidor, thermidor, fructidor.

30me. *Jour.*

Lettres majuscules.

A B Ç D E F G H I J K L M

N O P Q R S T U V X Y Z.

DÉCLARATION DES DROITS DE L'HOMME ET DU CITOYEN.

Eu peu, le ple, an ran fran, ai çais, on con, ain rain, li bli, is ris pris, oi oits roits droits, ont sont, eu seu, ans dans, ou pou, ant vant, en ment, ou ours jours, at rat trat, oi oirs voirs, eu eur teur.

Le peu-ple fran-çais, con-vain-cu que l'ou-bli et le mé-pris des droits na-tu-rels de l'hom-me, sont les seu-les cau-ses des mal-heurs du mon-de, a ré-so-lu d'ex-po-ser, dans une dé-cla-ra-ti-on so-lem-nel-le, ces droits sa-crés et i-na-li-é-na-bles, a-fin que tous les ci-to-yens pou-vant com-pa-rer sans ces-se les ac-tes du gou-ver-ne-ment a-vec le but de tou-te ins-ti-tu-ti-on so-ci-a-le, ne se lais-sent ja-mais op-pri-mer et a-vi-lir par la ty-ran-nie; a-fin que le peu-ple ait tou-jours de-vant les yeux les ba-ses de la li-ber-té et de son bon-heur;

DÉCLARATION

DES DROITS DE L'HOMME

ET DU CITOYEN.

LE peuple français, convaincu que l'oubli et le mépris des droits naturels de l'homme, sont les seules causes des malheurs du monde, a résolu d'exposer, dans une déclaration solemnelle, ces droits sacrés et inaliénables, afin que tous les citoyens pouvant comparer sans cesse les actes du gouvernement avec le but de toute institution sociale, ne se laissent jamais opprimer et avilir par la tyrannie; afin que le peuple ait toujours devant les yeux les bases de la liberté et de son bonheur;

le ma-gis-trat, la rè-gle de ses de-voirs; le lé-gis-la-teur, l'ob-jet de sa mis-si-on.

En con-sé-quen-ce, il re-con-noît et pro-cla-me, en pré-sen-ce de l'Ê-tre Su-prê-me, la dé-cla-ra-ti-on sui-van-te des droits de l'hom-me et du ci-to-yen.

ARTICLE PREMIER.

Ut but, un mun, ou gou, en ment, in ins, ou our pour, es res pres, ip rip crip, es les bles.

Le but de la so-ci-é-té est le bon-heur com-mun; le gou-ver-ne-ment est ins-ti-tu-é pour ga-ran-tir à l'hom-me la jou-is-san-ce de ses droits na-tu-rels et im-pres-crip-ti-bles.

ART. II.

on ont sont, er ber, ri pri, ro pro, oi oits roits droits.

Ces droits sont l'é-ga-li-té, la li-ber-té, la sû-re-té, la pro-pri-é-té.

ART. III.

Ou ous tous, on ont sont, au aux gaux, ar par, an ant vant, oi loi.

Tous les hom-mes sont é-gaux par la na-tu-re et de-vant la loi.

le magistrat, la règle de ses devoirs; le législateur, l'objet de sa mission.

En conséquence, il reconnoît et proclame en présence de l'Être Suprême, la déclaration suivante des droits de l'homme et du citoyen.

ARTICLE PREMIER.

Le but de la société est le bonheur commun; le gouvernement est institué pour garantir à l'homme la jouissance de ses droits naturels et imprescriptibles.

ART. II.

Ces droits sont l'égalité, la liberté, la sûreté, la propriété.

ART. III.

Tous les hommes sont égaux par la nature et devant la loi.

ART. IV.

Es res pres, re bre, em lem, el nel, on lon, ou our pour, ou ous tous, oi oit soit, is nis, eu eut peut, us jus, en fen, re dre.

La loi est l'ex-pres-si-on li-bre et so-lem-nel-le de la vo-lon-té gé-né-ra-le : el-le est la mê-me pour tous, soit qu'el-le pro-tè-ge, soit qu'el-le pu-nis-se ; el-le ne peut or-don-ner que ce qui est jus-te et u-ti-le à la so-ci-é-té ; el-le ne peut dé-fen-dre que ce qui lui est nui-si-ble.

ART. V.

Ou ous tous, ent ment, is mis, es les bles, oi ois lois plois, ic ics lics blics, ans dans, eu eurs leurs.

Tous les ci-to-yens sont é-ga-le-ment ad-mis-si-bles aux em-plois pu-blics ; les peu-ples li-bres ne con-nois-sent d'au-tres motifs de pré-fé-ren-ce dans leurs é-lec-ti-ons, que les ver-tus et les ta-lens.

ART. VI.

Oi oir voir, ou pou, ui rui trui, in rin prin, ou our pour, ai fais, eu eux veux, oit soit, ait fait.

La li-ber-té est le pou-voir qui a-par-

Art. IV.

La loi est l'expression libre et solemnelle de la volonté générale : elle est la même pour tous, soit qu'elle protège, soit qu'elle punisse ; elle ne peut ordonner que ce qui est juste et utile à la société ; elle ne peut défendre que ce qui lui est nuisible.

Art. V.

Tous les citoyens sont également admissibles aux emplois publics ; les peuples libres ne connoissent d'autres motifs de préférence dans leurs élections, que les vertus et les talens.

Art. VI.

La liberté est le pouvoir qui apartient

tient à l'hom-me de fai-re tout ce qui ne nuit pas aux droits d'au-trui; el-le a pour prin-ci-pe la na-tu-re ; pour rè-gle la jus-ti-ce ; pour sau-ve-gar-de la loi ; sa li-mi-te mo-ra-le est dans cet-te ma-xi-me : *Ne fais pas à un au-tre ce que tu ne veux pas qui te soit fait.*

ART. VII.

Oit roit droit, eu peu, es ses, oi oit soit, ar par, es res pres, em sem, er ler bler, ai pai, er xer, ul cul, er ter, its dits, up sup, ou sou, ir rir, ent cent, is tis.

Le droit de ma-ni-fes-ter sa pen-sée et ses o-pi-ni-ons, soit par l'u-sa-ge de la pres-se; soit de tou-te au-tre ma-ni-è-re, le droit de s'as-sem-bler pai-si-ble-ment, le li-bre e-xer-ci-ce des cul-tes, ne peu-vent ê-tre in-ter-dits; la né-ces-si-té d'é-non-cer ces droits, sup-po-se ou la pré-sen-ce ou le sou-ve-nir ré-cent du des-po-tis-me.

L'instituteur fera observer que dans cet article se trouvent les mots *assembler* et *présence* ; que la seconde sillabe du premier mot s'écrit *sem*, et que la seconde sillabe de l'autre s'écrit *sen*, quoiqu'ayant le même son. Il avertira que dans le milieu d'un mot, pour former une sillabe qui demande une *m* ou une *n*, il faut toujours placer une *m* devant un *b* ou un *p*, et une *n* devant les autres consonnes. Il en fournira des exemples de tems en tems.

ART.

à l'homme de faire tout ce qui ne nuit pas aux droits d'autrui ; elle a pour principe la nature ; pour règle la justice ; pour sauvegarde la loi ; sa limite morale est dans cette maxime : *Ne fais pas à un autre ce que tu ne veux pas qui te soit fait.*

ART. VII.

Le droit de manifester sa pensée et ses opinions, soit par l'usage de la presse, soit de toute autre manière, le droit de s'assembler paisiblement, le libre exercice des cultes, ne peuvent être interdits ; la nécessité d'énoncer ces droits, suppose ou la présence ou le souvenir récent du despotisme.

ART. VIII.

La sû-re-té con-sis-te dans la pro-tec-ti-on ac-cor-dée par la so-ci-é-té à cha-cun de ses mem-bres, pour la con-ser-va-ti-on de sa per-son-ne, de ses droits et de ses pro-pri-é-tés.

ART. IX.

Oi loi, ro pro, er ger, on con, li bli, es res pres, eux ceux, ou gou.

La loi doit pro-té-ger la li-ber-té pu-bli-que et in-di-vi-du-el-le con-tre l'op-pres-si-on de ceux qui gou-ver-nent.

Les mots renfermés dans cet article, fournissent une occasion d'avertir les elèves que *er* se prononce de deux manières différentes dans les différens mots ; et que cette variation de son d'une même sillabe, qui se rencontre assez souvent, est un nouveau motif d'application pour ceux qui désirent écrire et lire correctement.

ART. X.

Ul nul, re tre, ans dans, er ter, on lon, or for, es res pres, out tout, oi loi, oit doit, in ins, an tant, end rend, ou cou, le ble, is sis.

Nul ne doit ê-tre ac-cu-sé, ar-rê-té ni dé-te-nu que dans les cas dé-ter-mi-nés par

ART. VIII.

La sûreté consiste dans la protection accordée par la société à chacun de ses membres, pour la conservation de sa personne, de ses droits et de ses propriétés.

ART. IX.

La loi doit protéger la liberté publique et individuelle contre l'oppression de ceux qui gouvernent.

ART. X.

Nul ne doit être accusé, arrêté ni détenu que dans les cas déterminés par la loi, la loi, et se-lon les for-mes qu'el-le a pres-cri-tes. Tout ci-to-yen, ap-pe-lé ou sai-si pa l'au-to-ri-té de la loi, doit o-bé-ir à l'ins-tant : il se rend cou-pa-ble par la ré-sis-tan-ce

A R T. X I.

Out tout, er xer, on con, re tre, ors hors ans sans, ou vou, ous pous, or for, ai rai trai

Tout ac-te e-xer-cé con-tre un hom-me hors des cas et sans les for-mes que la loi dé-ter-mi-ne, est ar-bi-trai-re et ty-ran-ni-que : ce-lui con-tre le-quel on vou-droit l'e-xé-cu-ter par la vi-o-len-ce, a le droit de le re-pous-ser par la for-ce.

A R T. X I I.

Eux ceux, oient roient, ne gne, ont sont, re tre.

Ceux qui sol-li-ci-te-roient, ex-pé-di-e-roient, sig-ne-roient, e-xé-cu-te-roient ou fe-roient e-xé-cu-ter des ac-tes ar-bi-trai-res, sont cou-pa-bles et doi-vent être pu-nis.

A R T. X I I I.

Out tout, ant tant, ent cent, ou cou, is dis, eu peu, eu eur gue gueur, ou our pour, oit doit.

Tout hom-me é-tant pré-su-mé in-noet selon les formes qu'elle a prescrites. Tout citoyen, appelé ou saisi par l'autorité de la loi, doit obéir à l'instant : il se rend coupable par la résistance.

ART. XI.

Tout acte exercé contre un homme hors des cas et sans les formes que la loi détermine, est arbitraire et tyrannique ; celui contre lequel on voudroit l'exécuter par la violence, a le droit de le repousser par la force.

ART XII.

Ceux qui solliciteroient, expédieroient, signeroient, exécuteroient ou feroient exécuter des actes arbitraires, sont coupables et doivent être punis.

ART. XIII.

Tout homme étant présumé innocent jus-

cent jus-qu'à ce qu'il ait é-té dé-cla-ré cou-pa-ble ; s'il est ju-gé in-dis-pen-sa-ble de l'ar-rê-ter, tou-te ri-gueur qui ne se-roit pas né-ces-sai-re pour s'as-su-rer de sa per-son-ne, doit ê-tre sé-vè-re-ment ré-pri-mée par la loi.

ART. XIV.

Ul nul, ès rès près, oi oir voir, ent ment, it lit.

Nul ne doit ê-tre ju-gé et pu-ni qu'a-près a-voir é-té en-ten-du ou lé-ga-le-ment ap-pe-lé, et qu'en ver-tu d'u-ne loi pro-mul-guée an-té-ri-eu-re-ment au dé-lit. La loi qui pu-ni-roit des dé-lits com-mis a-vant qu'el-le e-xis-tât, se-roit u-ne ty-ran-nie ; l'ef-fet ré-tro-ac-tif don-né à la loi se-roit un cri-me.

ART. XV.

Oi loi, oit doit, ei pei, ic ric tric stric.

La loi ne doit dé-cer-ner que des pei-nes stric-te-ment et é-vi-dem-ment né-ces-sai-res ; les pei-nes doi-vent ê-tre pro-por-tion-nées au dé-lit, et u-ti-les à la so-ci-é-té.

ART. XVI.

Oit roit droit, ri pri, ui lui, ar par, ti tie tien tient, ou jou, bi bie bien biens, ru fru frui fruit, ail vail, us dus.

Le droit de pro-pri-é-té est ce-lui qui

qu'à ce qu'il ait été déclaré coupable ; s'il est jugé indispensable de l'arrêter, toute rigueur qui ne seroit pas nécessaire pour s'assurer de sa personne, doit être sévèrement réprimée par la loi.

Art. XIV.

Nul ne doit être jugé et puni qu'après avoir été entendu ou légalement appelé, et qu'en vertu d'une loi promulguée antérieurement au délit. La loi qui puniroit des délits commis avant qu'elle existât, seroit une tyrannie ; l'effet rétroactif donné à la loi seroit un crime.

Art. XV.

La loi ne doit décerner que des peines strictement et évidemment nécessaires ; les peines doivent être proportionnées au délit, et utiles à la société.

Art XVI.

Le droit de propriété est celui qui apara-par-tient à tout ci-to-yen de jou-ir et de dis-po-ser à son gré de ses biens, de ses re-vę-nus, du fruit de son tra-vail et de son in-dus-tri-e.

A R T. X V I I.

Ul nul, en gen, ail vail, er mer ter, us dus, ri tri.

Nul gen-re de tra-vail, de cul-tu-re, de com-mer-ce ne peut ê-tre in-ter-dit à l'in-dus-tri-e des ci-to-yens.

A R T. X V I I I.

Out tout, ems tems, ais mais, en ven, oi oin soins, oi oie loie ploie.

Tout hom-me peut en-ga-ger ses ser-vi-ces, son tems, mais il ne peut se ven-dre ni ê-tre ven-du : sa per-son-ne n'est pas u-ne pro-pri-é-té a-li-é-na-ble. La loi ne rę-con-noît point de do-mes-ti-ci-té; il ne peut e-xis-ter qu'un en-ga-ge-ment de soins, de re-con-nois-san-ce en-tre l'hom-me qui tra-vail-le et ce-lui qui l'em-ploie.

tient à tout citoyen de jouir et de disposer à son gré de ses biens, de ses revenus, du fruit de son travail et de son industrie.

ART. XVII.

Nul genre de travail, de culture, de commerce ne peut être interdit à l'industrie des citoyens.

ART. XVIII.

Tout homme peut engager ses services, son tems, mais il ne peut se vendre ni être vendu : sa personne n'est pas une propriété aliénable. La loi ne reconnoît point de domesticité ; il ne peut exister qu'un engagement de soins, de reconnoissance entre l'homme qui travaille et celui qui l'emploie.

ART. XIX.

Eut peut, in oin moin, or por, ans sans or ors lors, on con cons, ou sous, us jus, em dem.

Nul ne peut ê-tre pri-vé de la moin-dre por-ti-on de sa pro-pri-é-té sans son con-sen-te-ment, si ce n'est lors-que la né-ces-si-té pu-bli-que, lé-ga-le-ment cons-ta-tée, l'e-xi-ge, et sous la con-di-ti-on d'u-ne jus-te et pré-a-la-ble in-dem-ni-té.

ART. XX.

Ous tous, oit roit droit, is lis blis, ur sur, eil veil, oi loi ploi, en ren, re dre, omp comp.

Nul-le con-tri-bu-ti-on ne peut ê-tre é-ta-bli-e que pour l'u-ti-li-té gé-né-ra-le. Tous les ci-to-yens ont droit de con-cou-rir à l'é-ta-blis-se-ment des con-tri-bu-ti-ons, d'en sur-veil-ler l'em-ploi; et de s'en fai-re ren-dre comp-te.

ART. XXI.

Ou ours cours, ics lics blics, ont sont, ré cré, eux reux, oit soit, eu eur leur, ant tant, ail vail, at tat.

Les se-cours pu-blics sont u-ne det-te

ART. XIX.

Nul ne peut être privé de la moindre portion de sa propriété sans son consentement, si ce n'est lorsque la nécessité publique, légalement constatée, l'exige, et sous la condition d'une juste et préalable indemnité.

ART. XX.

Nulle contribution ne peut être établie que pour l'utilité générale. Tous les citoyens ont droit de concourir à l'établissement des contributions, d'en surveiller l'emploi, et de s'en faire rendre compte.

ART. XXI.

Les secours publics sont une dette sa-

sa-cré : la so-ci-é-té doit la sub-sis-tan-ce aux ci-to-yens mal-heu-reux, soit en leur pro-cu-rant du tra-vail, soit en as-su-rant les mo-yens d'e-xis-ter à ceux qui sont hors d'é-tat de tra-vail-ler.

ART. XXII.

In ins ; uc truc ; in oin soin, ou tous, oi oir voir, ès rès grès, ai rai, on son.

L'ins-truc-ti-on est le be-soin de tous, et la so-ci-é-té doit fa-vo-ri-ser de tout son pou-voir les pro-grès de la rai-son pu-bli-que, et met-tre l'ins-truc-ti-on à la por-tée de tous les ci-to-yens.

ART. XXIII.

La ga-ran-tie so-ci-a-le con-sis-te dans l'ac-ti-on de tous, pour as-su-rer à cha-cun la jou-is-san-ce et la con-ser-va-ti-on de ses droits.

Cet-te ga-ran-ti-e re-po-se sur la sou-ve-rai-ne-té na-ti-o-na-le.

ART. XXIV.

On ont, onc fonc, li bli, ai lai clai, ent ment.

El-le ne peut e-xis-ter, si les li-mi-tes

crée : la société doit la subsistance aux citoyens malheureux, soit en leur procurant du travail, soit en assurant les moyens d'exister à ceux qui sont hors d'état de travailler.

Art. XXII.

L'instruction est le besoin de tous, et la société doit favoriser de tout son pouvoir les progrès de la raison publique, et mettre l'instruction à la portée de tous les citoyens.

Art. XXIII.

La garantie sociale consiste dans l'action de tous, pour assurer à chacun la jouissance et la conservation de ses droits.

Cette garantie repose sur la souveraineté nationale.

Art. XXIV.

Elle ne peut exister, si les limites des

des fonc-ti-ons pu-bli-ques ne sont pas clai-re-ment dé-ter-mi-nées par la loi, et si la res-pon-sa-bi-li-té de tous les fonc-ti-on-nai-res n'est pas as-su-rée.

ART. XXV.

Es res pres, ip rip crip, ou sou, ai rai ble.

La sou-ve-rai-ne-té ré-si-de dans le peu-ple ; el-le est u-ne et in-di-vi-si-ble, im-pres-crip-ti-ble et i-na-li-é-na-ble.

ART. XXVI.

Or por, eu peu peut, er ber, ui uis puis, an san, ier tier.

Au-cu-ne por-ti-on du peu-ple ne peut e-xer-cer la puis-san-ce du peu-ple en-ti-er ; mais cha-que sec-ti-on du sou-ve-rain as-sem-blée, doit jou-ir du droit d'ex-pri-mer sa vo-lon-té a-vec u-ne en-ti-è-re li-ber-té.

ART. XXVII.

Out tout, ur sur, ou sou, ai rai, in ins, ant tant, ort mort.

Que tout in-di-vi-du qui u-sur-pe-roit la sou-ve-rai-ne-té, soit à l'ins-tant mis à mort par les hom-mes li-bres.

fonctions publiques ne sont pas clairement déterminées par la loi, et si la responsabilité de tous les fonctionnaires n'est pas assurée.

Art. XXV.

La souveraineté réside dans le peuple ; elle est une et indivisible, imprescriptible et inaliénable.

Art. XXVI.

Aucune portion du peuple ne peut exercer la puissance du peuple entier ; mais chaque section du souverain assemblée, doit jouir du droit d'exprimer sa volonté avec une entière liberté.

Art. XXVII.

Que tout individu qui usurperoit la souveraineté, soit à l'instant mis à mort par les hommes libres.

ART. XXVIII.

Ou our ours jours, oit roit droit, an cha chan, on ons cons, oix loix.

Un peu-ple a tou-jours le droit de re-voir, de ré-for-mer et de chan-ger sa cons-ti-tu-ti-on. U-ne gé-né-ra-ti-on ne peut as-su-jet-tir à ses loix les gé-né-ra-ti-ons fu-tu-res.

ART. XXIX.

Al gal, on con, ou cou, ir rir, or for, oi loi, an man, ens gens.

Cha-que ci-to-yen a un droit é-gal de con-cou-rir à la for-ma-ti-on de la loi et à la no-mi-na-ti-on de ses man-da-tai-res ou de ses a-gens.

ART. XXX.

On onc fonc, li bli, ont sont, ent ment, em tems, in inc tinc, oi oir voirs.

Les fonc-ti-ons pu-bli-ques sont es-sen-ti-el-le-ment tem-po-rai-res; el-les ne peu-vent ê-tre con-si-dé-rées com-me des dis-tinc-ti-ons ni com-me des ré-com-pen-ses, mais com-me des de-voirs.

ART.

ART. XXVIII.

Un peuple a toujours le droit de revoir, de réformer et de changer sa constitution. Une génération ne peut assujettir à ses loix les générations futures.

ART. XXIX.

Chaque citoyen a un droit égal de concourir à la formation de la loi et à la nomination de ses mandataires ou de ses agens.

ART. XXX.

Les fonctions publiques sont essentiellement temporaires ; elles ne peuvent être considérées comme des distinctions ni comme des récompenses, mais comme des devoirs.

ART. XXXI.

An man, ai tai, eu peu, ens gens, ais mais; re tre, en ten.

Les dé-lits des man-da-tai-res du peu-ple et de ses a-gens ne doi-vent ja-mais ê-tre im-pu-nis ; nul n'a le droit de se pré-ten-dre plus in-vi-o-la-ble que les au-tres ci-to-yens.

ART. XXXII.

Le droit de pré-sen-ter des pé-ti-ti-ons aux dé-po-si-tai-res de l'au-to-ri-té pu-bli-que, ne peut en au-cun cas ê-tre in-ter-dit, sus-pen-du ni li-mi-té.

ART XXXIII.

Is sis, an tan, es res pres, en que quen, hom l'hom.

La ré-sis-tan-ce à l'op-pres-si-on est la con-sé-quen-ce des au-tres droits de l'hom-me.

ART. XXXIV.

Es res près, on con, re tre, or orp orps corps, ri pri.

Il y a op-pres-si-on con-tre le corps

ART XXXI.

Les délits des mandataires du peuple et de ses agens ne doivent jamais être impunis ; nul n'a le droit de se prétendre plus inviolable que les autres citoyens.

ART. XXXII.

Le droit de présenter des pétitions aux dépositaires de l'autorité publique, ne peut en aucun cas être interdit, suspendu ni limité.

ART. XXXIII.

La résistance à l'oppression est la conséquence des autres droits de l'homme.

ART. XXXIV.

Il y a oppression contre le corps social, lorsqu'un seul de ses membres est opprimé.

so-ci-al , lors-qu'un seul de ses mem-bres est opprimé.

Il y a op-pres-si-on con-tre cha-que mem-bre , lors-que le corps so-ci-al est op-pri-mé.

Art. XXXV.

An and qua quand , ou our pour , eu peu le ple , us lus plus.

Quand le gou-ver-ne-ment vi-o-le les droits du peu-ple , l'in-sur-rec-ti-on est pour le peu-ple et pour cha-que por-ti-on du peu-ple , le plus sa-cré des droits , et le plus in-dis-pen-sa-ble des de-voirs.

Signé, COLLOT-D'HERBOIS,

président.

Durand-Maillane , ducos, Méaulle, Ch. Delacroix, Gossuin , P. A. Laloy,

secrétaires.

Je termine ici la décomposition des sillabes , parce que je suppose que les élèves n'en ont plus besoin. Dans le cas contraire , l'instituteur continuera cette décomposition aussi longtems qu'il la jugera nécessaire.

Je l'invite derechef à reproduire souvent sous les yeux des élèves les sillabes et les mots qu'ils connoîtront le moins.

Une autre pratique très-avantageuse sera de leur faire écrire tous les jours sous la dictée , sans au préalable le tracer sur le tableau , un article de la déclaration des droits de l'homme ; et à mesure qu'ils seront plus avancés , le

Il y a oppression contre chaque membre, lorsque le corps social est opprimé.

Art. XXXV.

Quand le gouvernement viole les droits du peuple, l'insurrection est pour le peuple, et pour chaque portion du peuple, le plus sacré des droits, et le plus indispensable des devoirs.

Signé, COLLOT-D'HERBOIS, *président*.

DURAND-MAILLANE, DUCOS, MÉAULLE, CH. DELACROIX, GOSSUIN, P. A. LALOY, *secrétaires*.

quart d'une page, la moitié, et même une page entière des exemples. En annonçant la veille ce qu'ils auront à écrire le lendemain, ils seront engagés à étudier chez eux la composition des sillabes et des mots qui s'y trouvent renfermés : ce qui concourra très-efficacement à leur faire aprendre l'ortographe. Ne seroit-il pas à propos d'exciter l'émulation, en proclamant chaque jour le nom des élèves qui auroient écrit le plus correctement ?

L'instituteur aura soin d'expliquer, à mesure que l'occasion s'en présentera, ce que c'est qu'un singulier, un pluriel, un masculin, un féminin, etc. Il ne tardera pas à mettre entre les mains des élèves, la grammaire adoptée pour les écoles primaires. Ce livre, alors, fournira les exemples d'écriture et de lecture ; et les élèves seront tenus de l'aprendre par cœur.

CONSTITUTION DU PEUPLE FRANÇAIS.

De la République.

ARTICLE PREMIER.

LA République française est une et indivisible.

De la distribution du peuple.

II. Le peuple français est distribué pour l'exercice de sa souveraineté, en assemblées primaires de cantons.

III. Il est distribué pour l'administration et pour la justice, en départemens, districts et municipalités.

De l'état des citoyens.

IV. Tout homme né et domicilié en France, âgé de vingt-un ans accomplis;

Tout étranger, âgé de vingt-un ans accomplis, qui, domicilié en France depuis une année,

Y vit de son travail,

Ou acquiert une propriété,

Ou épouse une française,

Ou adopte un enfant,

Ou nourrit un vieillard;

Tout étranger enfin, qui sera jugé par le corps législatif avoir bien mérité de l'humanité, est admis à l'exercice des droits de citoyen français.

V. L'exercice des droits de citoyen se perd,

Par la naturalisation en pays étranger,

Par l'acceptation de fonctions ou faveurs émanées d'un gouvernement non populaire,

Par la condamnation à des peines infamantes ou afflictives, jusqu'à réhabilitation.

VI. L'exercice des droits de citoyen est suspendu,

Par l'état d'accusation,

Par un jugement de contumace, tant que le jugement n'est pas anéanti.

De la souveraineté du peuple.

VII. Le peuple souverain est l'universalité des citoyens français.

VIII. Il nomme immédiatement ses députés.

IX. Il délègue à des électeurs le choix des administrateurs, des arbitres publics, des juges criminels et de cassation.

X. Il délibère sur les loix.

Des assemblées primaires.

XI. Les assemblées primaires se composent des citoyens domiciliés depuis six mois dans chaque canton.

XII. Elles sont composées de deux cens citoyens au moins, de six cens au plus, appelés à voter.

XIII. Elles sont constituées par la nomination d'un président, de secrétaires, de scrutateurs.

XIV. Leur police leur apartient.

XV. Nul n'y peut paroître en armes.

XVI. Les élections se font au scrutin ou à haute voix, au choix de chaque votant.

XVII. Une assemblée primaire ne peut, en aucun cas, prescrire un mode uniforme de voter.

XVIII. Les scrutateurs constatent le vote des citoyens qui, ne sachant point écrire, préfèrent de voter au scrutin.

XIX. Les suffrages sur les loix sont donnés par oui et par non.

XX. Le vœu de l'assemblée primaire est proclamé ainsi : *Les citoyens réunis en assemblées primaires de...... au nombre de..... votans, votent pour, ou votent contre, à la majorité de.....*

De la représentation nationale.

XXI. La population est la seule base de la représentation nationale.

XXII. Il y a un député en raison de quarante mille individus.

XXIII. Chaque réunion d'assemblées primaires résultant d'une population de trente-neuf à quarante-un mille ames, nomme immédiatement un député.

XXIV. La nomination se fait à la majorité absolue des suffrages.

XXV. Chaque assemblée fait le dépouillement des suffrages, et envoie un commissaire pour le recensement général, au lieu désigné comme le plus central.

XXVI. Si le premier recensement ne donne point de majorité absolue, il est procédé à un second appel, et l'on vote entre les deux citoyens qui ont réuni le plus de voix.

XXVII. En cas d'égalité de voix, le plus âgé a la préférence, soit pour être baloté, soit pour être élu. En cas d'égalité d'âge, le sort décide.

XXVIII. Tout Français exerçant les droits de citoyen, est éligible dans l'étendue de la république.

XXIX. Chaque député apartient à la nation entière.

XXX. En cas de non-acceptation, de démission, de déchéance ou mort d'un député, il est pourvu à son remplacement par les assemblées primaires qui l'ont nommé.

XXXI. Un député qui a donné sa démission, ne peut quitter son poste qu'après l'admission de son successeur.

XXXII. Le peuple français s'assemble tous les ans le premier mai, pour les élections.

XXXIII. Il y procède, quel que soit le nombre des citoyens ayant droit d'y voter.

XXXIV. Les assemblées primaires se forment extraordinairement sur la demande du cinquième des citoyens qui ont droit d'y voter.

XXXV. La convocation se fait, en ce cas, par la municipalité du lieu ordinaire du rassemblement.

XXXVI. Ces assemblées extraordinaires ne délibèrent qu'autant que la moitié, plus un, des citoyens qui ont droit d'y voter, sont présens.

Des assemblées électorales.

XXXVII. Les citoyens réunis en assemblées primaires nomment un électeur à raison de deux cens citoyens présens ou non; deux, depuis trois cens un jusqu'à quatre cens; trois, depuis cinq cens un jusqu'à six cens.

XXXVIII. La tenue des assemblées électorales, et le mode des élections, sont les mêmes que les assemblées primaires.

Du corps législatif.

XXXIX. Le corps législatif est un, indivisible et permanent.

XL. Sa session est d'un an.

XLI. Il se réunit le premier juillet.

XLII. L'assemblée nationale ne peut se constituer, si elle n'est composée au moins de la moitié des députés, plus un.

XLIII. Les députés ne peuvent être recherchés, accusés, ni jugés, en aucun tems pour les opinions qu'ils ont énoncées dans le sein du corps législatif.

XLIV. Ils peuvent, pour fait criminel, être saisis en flagrant-délit ; mais le mandat d'arrêt, ni le mandat d'amener, ne peuvent être décernés contre eux qu'avec l'autorisation du corps législatif.

Tenue des séances du corps législatif.

XLV. Les séances de l'assemblée nationale sont publiques.

XLVI. Les procès-verbaux de ses séances sont imprimés.

XLVII. Elle ne peut délibérer, si elle n'est composée de deux cens membres au moins.

XLVIII. Elle ne peut refuser la parole à ses membres dans l'ordre où ils l'ont réclamée.

XXXXIX. Elle délibère à la majorité des présens.

L. Cinquante membres ont le droit d'exiger l'appel nominal.

LI. Elle a le droit de censure sur la conduite de ses membres dans son sein.

LII. La police lui apartient dans le lieu de ses séances, et dans l'enceinte extérieure qu'elle a déterminée.

Des fonctions du corps législatif.

LIII. Le corps législatif propose les loix, et rend des décrets.

LIV. Sont compris sous le nom général de loi, les actes du corps législatif, concernant la législation civile et criminelle ;

L'administration générale des revenus et dépenses ordinaires de la république ;

Les domaines nationaux ;

Le titre, le poids, l'empreinte et la dénomination des monnoies ;

La nature, le montant et la perception des contributions ;

La déclaration de guerre ;

Toute nouvelle distribution générale du territoire français.

L'instruction publique ;

Les honneurs publics à la mémoire des grands hommes.

LV. Sont désignés sous le nom particulier de décrets, les actes du corps législatif concernant l'établissement annuel des forces de terre et de mer ;

La permission ou la défense du passage des troupes étrangères sur le territoire français ;

L'introduction des forces navales étrangères dans les ports de la république ;

Les mesures de sûreté et de tranquillité générale ;

La distribution annuelle et momentanée des secours et travaux publics ;

Les ordres pour la fabrication des monnoies de toute espèce ;

Les dépenses imprévues et extraordinaires ;

Les mesures locales et particulières à une administration, à une commune, à un genre de travaux publics ;

La défense du territoire, la ratification des traités ;

La nomination et la destitution des commandans en chef des armées ;

La poursuite de la responsabilité des membres du conseil, des fonctionnaires publics ;

L'accusation des prévenus de complots contre la sûreté générale de la république ;

Tout changement dans la distribution partielle du territoire français.

Les récompenses nationales.

De la formation des loix.

LVI. Les projets de loi sont précédés d'un rapport.

LVII. La discussion ne peut s'ouvrir, et la loi ne peut être provisoirement arrêtée que quinze jours après le rapport.

LVIII. Le projet est imprimé et envoyé à toutes les communes de la république, sous ce titre : *Loi proposée.*

LIX. Quarante jours après l'envoi de la loi proposée, si dans la moitié des départemens, plus un, le dixième des assemblées primaires de chacun d'eux régulièrement formées, n'a pas réclamé, le projet est accepté, et devient loi.

LX. S'il y a réclamation, le corps législatif convoque les assemblées primaires.

De l'intitulé des loix et des décrets.

LXI. Les loix, les décrets, les jugemens et tous les actes publics sont intitulés : *Au nom du peuple français, l'an.... de la république française.*

Du conseil exécutif.

LXII. Il y a un conseil exécutif composé de vingt-quatre membres.

LXIII. L'assemblée électorale de chaque département nomme un candidat ; le corps législatif choisit sur la liste générale les membres du conseil

LXIV. Il est renouvelé par moitié à chaque législature dans les derniers mois de sa session.

LXV. Le conseil est chargé de la direction et de la surveillance de l'administration générale : il ne peut agir qu'en exécution des loix et des décrets du corps législatif.

LXVI. Il nomme hors de son sein les agens en chef de l'administration générale de la république.

LXVII. Le corps législatif détermine le nombre et les fonctions de ces agens.

LXVII

LXVIII. Ces agens ne forment point un conseil ; ils sont séparés, sans rapport immédiat entr'eux. Ils n'exercent aucune autorité personnelle.

LXIX. Le conseil exécutif nomme hors de son sein les agens extérieurs de la république.

LXX. Il négocie les traités.

LXXI Les membres du conseil, en cas de prévarication, sont accusés par le corps législatif.

LXXII. Le conseil est responsable de l'exécution des loix et décrets, et des abus qu'il ne dénonce pas.

LXXIII. Il révoque et remplace les agens à sa nomination.

LXXIV. Il est tenu de les dénoncer, s'il y a lieu, devant les autorités judiciaires.

Des relations du conseil exécutif avec le corps législatif.

LXXV. Le conseil exécutif réside auprès du corps législatif ; il a l'entrée et une place séparée dans le lieu de ses séances.

LXXVI. Il est entendu toutes les fois qu'il a un compte à rendre.

LXXVII. Le corps législatif l'appelle dans son sein, en tout ou en partie, lorsqu'il le juge convenable.

Des corps administratifs et municipaux.

LVIII. Il y a dans chaque commune de la république une administration municipale;

Dans chaque district, une administration intermédiaire;

Dans chaque département, une administration centrale.

LXXIX. Les officiers municipaux sont élus par les assemblées de commune.

LXXX. Les administrateurs sont nommés par les assemblées électorales de département et de district.

LXXXI. Les municipalités et les administrations sont renouvellées tous les ans par moitié.

LXXXII. Les administrateurs et les officiers municipaux n'ont aucun caractère de représentation.

Ils ne peuvent, en aucun cas, suspendre

ni modifier l'exécution des actes du corps législatif.

LXXXIII. Le corps législatif détermine les fonctions des officiers municipaux et des administrateurs, les règles de leur subordination et les peines qu'ils pourront encourir.

LXXXIV. Les séances des municipalités et des administrations sont publiques.

De la justice civile.

LXXXV. Le code des loix civiles et criminelles est uniforme pour toute la république.

LXXXVI. Il ne peut être porté aucune atteinte au droit qu'ont les citoyens de faire prononcer sur leurs différens par des arbitres de leur choix.

LXXXVII. La décision de ces arbitres est définitive, si les citoyens ne se sont pas réservés le droit de réclamer.

LXXXVIII. Il y a des juges-de-paix élus par les citoyens des arrondissemens déterminés par la loi.

LXXXIX. Ils concilient et jugent sans frais.

XC. Leur nombre et leur compétence sont réglés par le corps législatif.

XCI. Il y a des arbitres publics élus par les assemblées électorales.

XCII. Le nombre et leur arrondissement sont fixés par le corps législatif.

CXIII. Ils connoissent des contestations qui n'ont pas été terminées définitivement par les arbitres privés ou par les juges-de-paix.

CXIV. Ils délibèrent en public ;

Ils opinent à haute voix ;

Ils statuent en dernier ressort aux défenses verbales, ou sur simple mémoire, sans procédure et sans frais ;

Ils motivent leurs décisions.

CXV. Les Juges-de-paix et les arbitres publics sont élus tous les ans.

De la justice criminelle.

CXVI. En matière criminelle, nul citoyen ne peut être jugé que sur une accusation reçue par les jurés, ou décrétée par le corps législatif.

Les accusés ont des conseils choisis par eux, ou nommés d'office.

L'instruction est publique.

Le fait et l'intention sont déclarés par un juré de jugement.

La peine est appliquée par un tribunal criminel.

XCVII. Les juges criminels sont élus tous les ans par les assemblées électorales.

Du tribunal de cassation.

XCVIII. Il y a, pour toute la république, un tribunal de cassation.

XCIX. Ce tribunal ne connoît point du fond des affaires.

Il prononce sur la violation des formes, et sur les contraventions expresses à la loi.

C. Les membres de ce tribunal sont nommés tous les ans par les assemblées électorales.

Des contributions publiques.

CI. Nul citoyen n'est dispensé de l'honorable obligation de contribuer aux charges publiques.

De la trésorerie nationale.

CII. La trésorerie nationale est le point central des recettes et dépenses de la république.

CIII. Elle est administrée par des agens comptables, nommés par le conseil exécutif.

CIV. Ces agens sont surveillés par des commissaires nommés par le corps législatif, pris hors des son sein et responsables des abus qu'ils ne dénoncent pas.

De la comptabilité.

CV. Les comptes des agens de la trésorerie nationale et des administrateurs des deniers publics, sont rendus annuellement à des commissaires responsables, nommés par le conseil executif.

CVI. Ces vérificateurs sont surveillés par des commissaires à la nomination du corps législatif, pris hors de son sein, et responsables des abus et des erreurs qu'ils ne dénoncent pas.

Le corps législatif arrête les comptes.

Des forces de la république.

CVII. La force générale de la république est composée du peuple entier.

CVIII. La république entretient à sa solde, même en tems de paix, une force armée de terre et de mer.

CIX. Tous les français sont soldats, ils sont tous exercés au maniement des armes.

CX. Il n'y a point de généralissime.

CXI. La différence des grades, leurs marques distinctives et la subordination ne subsistent que relativement au service et pendant sa durée.

CXII. La force publique, employée pour maintenir l'ordre et la paix dans l'intérieur, n'agit que sur la réquisition par écrit des autorités constituées.

CXIII. La force publique, employée contre les ennemis du dehors, agit sous les ordres du conseil exécutif.

CXIV. Nul corps armé ne peut délibérer.

Des conventions nationales.

CXV. Si dans la moitié des départemens plus un, le dixième des assemblées primaires de chacun d'eux, régulièrement formées, demande la révision de l'acte constitutionnel ou le changement de quelques-uns de ses articles, le corps législatif est tenu de convoquer toutes les assemblées primaires de la république, pour savoir s'il y a lieu à une convention nationale.

CXVI. La convention nationale est formée de la même manière que les législatures, et en réunit les pouvoirs.

CXVII. Elle ne s'occupe relativement à la constitution, que des objets qui ont motivé sa convocation.

Des rapports de la République française, avec les nations étrangères

CXVIII. Le peuple français est l'ami et l'allié naturel des peuples libres.

CXIX. Il ne s'immisce point dans le gouvernement des autres nations ; il ne souffre pas que les autres nations s'immiscent dans le sien.

CXX. Il donne asyle aux étrangers bannis de leur patrie pour la cause de la liberté.

Il refuse asyle aux tyrans.

CXXI. Il ne fait point la paix avec un ennemi qui occupe son territoire.

De la garantie des droits.

CXXII. La constitution garantit à tous les français,

L'égalité, la liberté, la sûreté, la propriété, la dette publique, des secours publics, le libre exercice des cultes, une instruction commune, la liberté indéfinie de la presse, le droit de pétition, le droit de se réunir en sociétés populaires, la jouissance de tous les droits de l'homme.

CXXIII. La République française honore la loyauté, le courage, la vieillesse, la piété filiale, le malheur; elle remet le dépôt de sa constitution sous la garde de toutes les vertus.

CXXIV. La déclaration des droits et l'acte constitutionnel sont gravés sur des tables, au sein du corps législatif et dans les places publiques.

Signé, COLLOT-D'HERBOIS, *président*.

DURAND-MAILLANE, DUCOS, MÉAULLE, CH. DELACROIX, GOSSUIN, P.A. LALOY, *secrétaires*.

MAXIMES.

On est convaincu de l'existence du dieu, lorsqu'on a le cœur assez pur pour la desirer.

Le culte le plus agréable à l'Être Suprême est la pratique de la vertu.

L'amour de la vérité est l'apanage des hommes de bien. Un mensonge suppose presque toujours une faute, souvent un crime.

La réputation est le premier des biens.

Le vrai bonheur ne se trouve que dans la pratique de la vertu.

L'homme riche est celui qui sait se contenter de ce qu'il possède.

Il n'y a de vrais plaisirs que ceux qui ne sont accompagnés ni suivis d'aucun remords.

L'amitié est un des sentimens les plus doux : elle n'existe qu'entre les gens de bien.

Ne demandons rien à nos amis, et ne leur accordons rien qui soit contraire à l'honnêteté. Un homme demandoit à Périclès, Athénien, au nom de l'amitié qui les réunissoit, de faire un faux serment en sa faveur. Périclès lui répondit : *je dois secourir mes amis mais jusques aux dieux.*

Le désintéressement et la générosité sont les signes d'une belle ame.

C'est refuser un bienfait que de différer à le rendre. Celui qui parle d'un service qu'il a rendu, en perd tout le mérite.

L'ingratitude est le plus odieux des vices.

La frugalité est le meilleur moyen d'entretenir la santé du corps et les forces de l'esprit.

L'excès du vin fomente toutes sortes de vices.

La flaterie est un poison pour celui qui l'écoute.

C'est le propre d'une ame grande et courageuse de ne point se laisser abattre par les revers.

L'oisiveté est la mère de tous les vices.

La colère est une folie passagère, une maladie dont l'homme raisonnable cherche à se guérir.

La modestie est la compagne inséparable du vrai mérite : elle en fait le principal ornement.

ACTES DE VERTU

PUISÉS DANS L'HISTOIRE ANCIENNE

ET DANS NOS ANNALES RÉPUBLICAINES.

Il est doux de mourir pour sa patrie.

POUJOT, maréchal des logis dans l'armée du nord, reçoit un coup de carabine qui lui traverse le corps. *Courage, camarades*, s'écrie-t-il, *je me sens blessé; mais la victoire est à nous.* Sa blessure, dont il mourut vingt-quatre heures après, ne l'empêcha pas de charger encore l'ennemi, et de faire mordre la poussière à deux Autrichiens.

Epaminondas, général thébain, ayant reçu une blessure mortelle en combattant près la ville de Mantinée, ses soldats qui le croyoient mort, le rapportèrent au camp. Revenu à lui, il demanda *si son bouclier avoit été sauvé :* c'étoit un déshonneur chez les Grecs, de revenir du combat sans bouclier. Il demanda encore *si les ennemis étoient défaits.* La réponse se trouvant conforme à ses desirs, *tout va bien*, dit-il, *j'ai assez vécu.* Alors il se fit arracher le fer dont il avoit été percé, et mourut.

Lors de la reprise de Toulon, une infinité de braves défenseurs de la République, criblés de coups, s'écrioient : *nous sommes blessés, mais nous avons encore du sang à répandre pour la patrie : oh, qu'il est doux de mourir pour elle !*

Tartu, que son mérite avoit élevé de l'emploi de mousse au grade de capitaine, reçoit une blessure mortelle, dans un combat naval, contre les Anglais. Après avoir ranimé son équipage, il fait venir son fils, qui étoit mousse à son bord, et lui dit : *je meurs pour la liberté de mon pays, je meurs content ; aprens à combattre pour elle, et sois toujours l'ennemi des tyrans.*

La lâcheté est un crime qu'un républicain ne pardonne pas, même à son fils.

La cavalerie romaine, repoussée par les Cimbres près le fleuve Adèse, ayant pris la fuite, Æmilius Scaurus envoya dire à son fils qui avoit eu part à ce désordre, qu'il auroit eu plus de satisfaction de le voir étendu sur le champ de bataille, que de le voir revenir couvert d'ignominie; qu'ainsi ce fils indigne devoit éviter la présence d'un père irrité, s'il conservoit un reste de pudeur. A la réception de cet ordre, le jeune homme tourna contre lui-même une épée dont il ne s'étoit point servi contre les ennemis de sa patrie.

Un dragon du cinquième régiment de l'armée du nord avoit fui devant l'ennemi; son père répondit à une lettre dans laquelle il lui demandoit de l'argent : *J'avois économisé cinquante livres que je te destinois, j'aprens ton infâme conduite dans la plaine de Mons; oublie que tu avois un père.... mon fusil est chargé, lâche, et si jamais tu approches de ma maison, la terre de la liberté sera purgée d'un traître.*

Une femme de Lacédémone apprit que son fils s'étoit sauvé du combat, elle lui écrivit : *il se répand un bruit injurieux à ton honneur, fais-le taire ou meurs.*

Une autre entendant raconter à son fils la mort glorieuse de son frère qui avoit été tué dans le combat : *malheureux*, lui dit-elle, *pourquoi ne l'as tu pas accompagné ?*

Lorsqu'un Lacédémonien étoit tué sur le champ de bataille, ses compagnons le rapportoient sur son bouclier. Une Lacédémoniene voyant son fils prêt à marcher contre l'ennemi, lui dit, en lui remettant cette arme : *reviens avec ou dessus.*

Piété filiale.

La citoyenne Peigné, pendant dix-sept ans de suite, a soigné sa mère attaquée d'une maladie rebutante. Cet exemple de piété filiale reçoit un nouveau lustre par le sacrifice que cette vertueuse fille a fait d'un établissement avantageux qui l'eût empêché de donner des soins assidus à celle qui tenoit la première place dans son cœur.

Sauvestre et Barra, jeunes républicains aussi recommandables par leur amour filial que par leur bravoure et leur attachement à la cause de la liberté, faisoient sur leur modique prêt, des épargnes qu'ils envoyoient assidûment à leur mère.

Cimon l'Athénien, n'ayant rien à offrir que sa personne pour payer le droit de sépulture de son père Miltiade mort en prison, se chargea de ses chaînes.

Crésus, ce tyran de Lydie, fameux par les trésors qu'il possédoit, avoit un fils muet de naissance. Comme l'armée des Perses assiégeoit Sardes, un soldat se jettant sur lui le sabre levé, alloit le tuer sans le connoître. A l'aspect du danger que son père couroit, le jeune homme éprouva une commotion si violente que, sa langue se déliant pour la première fois, il s'écria : *soldat, ne tue point Crésus.*

Tout le monde connoît le trait d'une fille nommée Péron, qui nourrit de son lait son père condamné à mourir de faim dans une prison.

La voix de la patrie en danger l'emporte sur celle de la nature.

Un laboureur de Brives, voyant avec quelle ardeur la jeunesse du canton s'enrôloit sous les drapeaux de la liberté, s'écria : *Que ne puis-je partir avec eux ! Mais qui prendroit soin de ma femme et de mes enfans ?* — *Moi*, répond un vieillard, *pars* ; et en même tems il dépose une somme pour assurer aux enfans du cultivateur leur entretien pendant trois ans.

Un citoyen de la section des Lombards, veuf

veuf et avancé en âge, avoit quatre enfans, qui étoient l'appui de sa vieillesse. Deux se présentent à lui d'un air triste et inquiet. *Qu'avez-vous, mes enfans*, leur dit-il ?—Mon père...— *Je devine, vous voulez aller aux frontières. — Cela est vrai, mon père ; mais ce qui nous embarrasse, c'est que nous voudrions partir tous quatre. — Quoi ! pas un de vous ne veut rester auprès de moi ?* Ces jeunes républicains baissent les yeux. *Mes enfans, ne vous chagrinez pas*, reprend le père, *j'approuve votre zèle ; quelque peine que j'aie à me séparer de vous, je sens que je vous dois à la patrie ; marchez à son secours.*

Gaieté, bravoure, mépris de la douleur et de la mort : caractère d'un soldat de la liberté.

Dans une affaire contre les brigands de l'armée catholique, David, sergent des grenadiers de Bressuire, reçoit un coup de feu dans l'estomac. *Allons*, s'écrie-t-il, *jouons à la balle.* A l'instant il agrandit la plaie avec son couteau, arrache la balle, en charge son fusil, ajuste le brigand qui l'avoit blessé, et lui fait mordre la poussière.

Pierre Lafargue, volontaire au deuxième bataillon de Lot et Garonne, blessé d'une balle à la cuisse, a le courage de l'arracher, et la renvoie aux ennemis, en disant : *Voilà comment on fait d'une pierre deux coups.*

On cite le même trait de Jean Landié, volontaire au même bataillon.

Taudi, sous-lieutenant du génie, atteint d'une balle qui lui perce l'épaule, reste à son poste, malgré les sollicitations de ses camarades, les encourage en leur distribuant gaiement des cartouches.

Fierté des hommes libres.

Un jeune Lacédémonien fut fait prisonnier et vendu comme esclave. Son maître louoit sans cesse la diligence et l'exactitude avec laquelle il le servoit; mais un jour qu'il voulut exiger de lui des services bas et honteux, le jeune homme se rappelant la liberté qu'il avoit perdue, refusa d'obéir. Voyant son maître irrité de ce refus : *Achete des esclaves plus dociles*, lui dit-il; et sur le champ il se précipite par la fenêtre.

On demandoit à une Lacédémonienne, captive et mise en vente, ce qu'elle savoit faire : *être libre*, répondit-elle. Son maître lui ayant commandé quelque chose de malhonnête, elle lui dit : *Tu regretteras une esclave telle que moi;* et aussi-tôt elle se donna la mort.

Dix mille brigands émigrés ou prêtres, s'emparent de la Roche-Bernard, commune du département de Morbihan ; ils veulent forcer Sauveur, receveur des enregistremens et des biens des émigrés, à prendre la cocarde blanche, et à crier *vive le roi.* Malgré les mauvais traitemens, les coups et les menaces les plus terribles, il ne répond à cette infâme invitation que par les cris de VIVE LA NATION! VIVE LA RÉPUBLIQUE! Sauveur attaché à un arbre, et déjà couvert de blessures, subit la mort la plus cruelle, en répétant VIVE LA NATION! VIVE LA RÉPUBLIQUE! En mémoire de ce sublime dévouement, la convention a décrété que la Roche-Bernard s'appelleroit désormais la Roche-Sauveur.

Des émigrés accabloient de mauvais traitemens un de nos hussards, blessé, qui étoit tombé entre leurs mains ; ils le menaçoient de lui faire subir le plus cruel supplice. *J'ai soif*, dit froidement le hussard, *qu'on me donne à boire.* On lui présente de l'eau ; il jette le vase à ses pieds, en disant : *C'est du vin qu'il me faut, je ne suis pas accoutumé à boire de l'eau. — Malheureux*, lui cria-t-on, *tu seras pendu ?* Le prisonnier jette un regard de mépris sur celui qui venoit de proférer ces mots atroces, et lui répond : *Vil esclave, penses-tu intimider un homme libre ? voilà ma poitrine, frappe ; ma mort ne restera pas sans vengeance.*

Fidélité à la patrie.

Un caporal du régiment de Strasbourg, artillerie, achetoit des légumes au marché ; un inconnu lui adresse à l'oreille quelques paroles, laisse tomber une bourse à ses pieds, et s'enfuit. Le caporal qui n'entendoit pas l'allemand, persuadé que ce présent n'étoit qu'une invitation à déserter, alla le déposer entre les mains du maire.

Duguéro, sécrétaire de l'administration du district de Rochefort, tombe entre les mains des brigands, qui lui présentent la livrée de l'esclavage, en lui disant : *La cocarde blanche ou la mort.* — *La mort*, répond Duguéro ; et il tombe percé de mille coups.

Un brave ne compte pas ses ennemis.

Deux bâtimens anglais paroissent devant Dune-Libre ; Jancen, enseigne, est envoyé pour les reconnoître, avec un bateau, vingt hommes et quatre pierriers. En s'approchant de l'un de ces bâtimens, Jancen voit que c'est un vaisseau à trois mâts, armé de six pierriers, de huit canons de six, et monté d'un fort équipage. Sans consulter le danger, il tente l'abordage, tombe à la mer, s'en retire à l'aide d'un camarade, recommence sa manœuvre, et s'empare du vaisseau. Bientôt il court sur le second bâtiment, le prend à l'abordage, et ramène ses deux prises dans le port, aux acclamations d'un peuple immense, témoin de ses dangers et de son courage.

Pierre Chassot, chasseur au dix-septième régiment, étant en patrouille dans les environs de Saint-Quentin, voit cinq hulans qui emmènent des prisonniers liés et garottés ; oubliant qu'il est seul, Chassot fond avec la rapidité de l'éclair sur les brigands, les met en désordre, et délivre ses camarades. Cependant encore en présence de l'ennemi, il s'aperçoit qu'il a laissé tomber la baguette de l'un de ses pistolets; il met pied à terre, la ramasse, remonte à cheval, et ramène en triomphe les prisonniers dont il a brisé les fers.

Le sang-froid qui accompagne la valeur, aide souvent à sortir du danger.

A l'affaire à jamais mémorable d'Houdscoote, Mandement, cavalier du sixième régiment, portant un sac de cartouches, aperçoit dans un pré dix soldats d'infanterie avec un drapeau; croyant qu'ils étoient de nos troupes, il marche vers eux sans méfiance, et leur offre des cartouches qu'ils acceptent. Il n'eut pas plutôt franchi la haie, que les fantassins saisissent les rênes de son cheval, et s'emparent du passage. Le cavalier fait semblant de se rendre, et jette à terre son sac de cartouches. Pendant que les brigands le ramassent, Mandement tire son sabre, frappe de droite et de gauche, arrache le drapeau, et se fait jour à travers la haïe. A peu de distance, il se voit entouré par le régiment ennemi, qu'il traverse au milieu du feu et des bayonnettes, sans se dessaisir de son drapeau. Il distingue le colonel qui étoit en avant, et tombe sur lui à coups de sabre, en criant : *Voilà la cavalerie qui vient vous charger.* A peine a-t-il lâché ces mots, que les ennemis, saisis d'une terreur panique, jettent les armes et prennent la fuite. Mandement se saisit du colonel, qu'il ramène prisonnier.

Un fonctionnaire public ne doit écouter que la voix de la justice.

Un citoyen s'apercevant qu'on a tiré au blanc contre la porte de son jardin, et que les coups de fusils ont endommagé plusieurs arbres, en porte ses plaintes à la municipalité. Les informations aprennent que le délinquant est le fils de Jacques Colombier, vigneron et maire de Courbevoie. Le père offre des indemnités et parvient à arrêter les poursuites. Bientôt des plaintes plus graves se font entendre de la part du même propriétaire : les balles, cette fois, ont brisé les vîtres d'une chambre, qui heureusement n'étoit pas habitée. Ce n'est point le fils du maire qui est le coupable : la reprimande paternelle l'avoit préservé d'une récidive. Mais Jacques Colombier juge sagement qu'en agissant en père, il n'a fait que la moitié de son devoir ; qu'il doit maintenant agir en maire, et remonter à la source du mal pour en arrêter le cours. Il fait appeler son fils et lui dit : *mon fils, tu as donné un mauvais exemple ; mon devoir étoit de te punir, je ne l'ai point rempli : quatre fusiliers vont te conduire en prison.* Le fils prie envain son père de lui épargner la honte de passer dans la commune ; le maire est sourd à ses prières et aux instances de ses collègues. Ses ordres exécutés, il s'adresse à celui contre lequel on venoit de porter des plaintes, et lui dit : *tu n'aurois point été coupable si mon fils ne t'eût pas donné un mauvais exemple, et si par foiblesse je n'eusse laissé la faute impunie. Je ne puis cependant me dispenser de t'imposer une peine : rends-toi à la prison sans escorte.*

Tableau du siège d'une ville républicaine.

Un représentant du peuple, en offrant à la convention le recueil des actes de valeur qu'a produit le siège de Granville, s'exprime ainsi :

Vous verrez, citoyens représentans, un magistrat tomber la main sur son écharpe, au pied du canon où il portoit la mêche ; des canoniers tirer à boulets rouges sur leur propre maison, pour y étouffer les brigands ; des femmes crier tranquillement au milieu des flammes : *qu'on tue l'ennemi, le feu s'éteindra après* ; des enfans ramasser et se disputer entr'eux des boulets encore chauds qu'ils réservent pour leurs jeux ; des vieillards rajeunis remercier le ciel d'avoir prolongé leur vie jusqu'au moment où ils vont vaincre ou mourir pour la liberté ; des soldats emportés mourans, dire à leur camarade : *il y a des places vacantes là bas, allez y* ; d'autres se priver d'étancher leur soif dans les paniers qui contiènent l'eau précieuse destinée à éteindre l'incendie ; ceux-ci lancer gaiement la mort sur les rébelles, en répondant par des saillies à leurs cris royalistes ; ceux-là, faits prisonniers, expirer en souriant à la liberté dont le nom leur coûte la vie ; et tous combattre avec le même courage, terrasser ou glacer d'effroi les ennemis de la patrie et de l'humanité.

Probité.

Une citoyenne de la section du fauxbourg du Temple, réduite à la plus affreuse misère, rentroit chez elle sans avoir pu se procurer de l'ouvrage. Elle trouve sur la route un assignat de vingt-cinq livres ; malgré sa détresse, elle le regarde comme un dépôt sacré. Le lendemain, elle s'en va aux enquêtes, découvre celui auquel l'assignat apartient, et le lui remet. *Je suis bien fâché*, dit cet homme, *de ne pouvoir le partager avec vous ; mais vous voyez mes enfans, je ne possède que cet assignat pour pourvoir à leurs besoins.* Cette femme vertueuse se retire avec la satisfaction d'une âme pure.

Ascendant du courage et de la vertu.

Les ennemis s'étant rendus maîtres de Saint-Milhier, une jeune femme entourée de ses enfans, assise tranquillement dans sa boutique, sur un baril de poudre, tenoit deux pistolets à la main, disposée à faire sauter sa maison et toute sa famille, plutôt que de tomber entre les mains des brigands. Son courage et sa mâle contenance leur en imposèrent : elle et son azile furent respectés.

L'intérêt particulier disparoît devant l'intérêt de la République.

Pendant le bombardement de Landeau, on vint avertir Georges-Jacques Klee, occupé à éteindre l'incendie de l'arsenal, qu'une bombe venoit de mettre le feu à sa maison qui faisoit toute sa fortune. *C'est bien le tems* , dit-il , *de me parler d'une propriété particulière, pendant que je m'occupe des propriétés de la nation.*

Dix mille soldats français passent par Verdun, la plupart sans souliers ; les sans-culottes de la société populaire régénérée arrêtent unanimement, qu'ils offriront des souliers à leurs frères et qu'ils porteront des sabots.

Un laboureur de Joigny, département de l'Yonne, avoit acquis pour trente-deux mille livres de biens nationaux. Un de ses voisins, qui le vit porter chez le receveur du district, deux mille pièces d'or renfermées dans un bas de laine, lui observa qu'il trouveroit un grand bénéfice à convertir son argent en assignats, avant que d'effectuer son paiement. *Je le sais aussi bien que toi*, répondit le laboureur; *ce bénéfice sera pour la nation.* Bientôt après il retourna prendre quatre mille livres en écus qu'il n'avoit pu porter au premier voyage.

Bel exemple de discipline militaire.

Une partie de l'armée de la Moselle campoit sur les hauteurs de Sarbruk, où étoit le quartier-général; quatre bataillons étoient à Saint-Jean, petite ville de l'autre côté de la Sarre. Les convois ayant été retardés, les quatre bataillons manquoient de pain depuis quarante-huit heures. Un matin à la pointe du jour, ils se présentent sur le pont pour venir se plaindre au quartier-général. Un représentant du peuple qui les rencontre, les invite à retourner à leur poste, leur promettant qu'il s'occupera de leurs besoins. Mais ceux qui étoient en arrière et qui n'avoient point entendu l'invitation, pressant toujours pour avancer, le représentant dit au commandant du poste : *faites votre devoir, je vais prendre tous les moyens possibles pour faire arriver le pain. — Représentant, quel moyen me laissez-vous pour empêcher que l'on ne passe! — Votre consigne et le respect que lui porte tout soldat républicain.* En effet, on vit dans cette circonstance un volontaire seul arrêter quatre bataillons affamés qui alloient chercher du pain. Bientôt après les convois arrivèrent à Saint-Jean, où la distribution fut faite avec le plus grand ordre.

La valeur et l'amitié ne connoissent pas d'obstacles.

Antoine Mignon, cavalier au deuxième régiment, accompagné d'un de ses amis, fut chargé par un peloton de cavalerie ennemie. La partie étoit trop inégale : les deux républicains se replièrent sur l'armée. Mais en se retournant, Mignon voit son camarade entouré par vingt hussards Autrichiens ; il s'arrête un instant pour examiner le parti qu'il peut prendre. Il s'aperçoit que plusieurs d'entre eux se portent sur d'autres points, et qu'il n'en reste plus que trois. Alors, ne consultant que l'amitié et son courage, il fond sur ces trois brigands, les met en fuite, et ramène son camarade au milieu des siens, qui le croyoient perdu.

Dans une autre affaire, Mignon aperçut un sergent du dixième régiment du Jura, et un volontaire, entourés de quinze hussards Autrichiens. Aussi-tôt il vole au secours de ses deux frères; d'un coup de carabine il fait mordre la poussière au plus acharné des ennemis, fond sur les autres le sabre à la main, les met en fuite, et ramène ses deux amis avec le cheval du hussard qu'il avoit tué.

A la prise de Wissembourg, Mignon entra dans une vigne, où il aperçut quatre Autrichiens qui cherchoient à rejoindre l'armée; il les poursuivit et les ramena tous quatre prisonniers.

Désintéressement.

Manvelle, sergent-major des grenadiers de la légion de la Moselle, avoit fait prisonnier un officier Prussien qui lui remit aussi-tôt sa bourse, son porte-feuille et son épée, en lui demandant grace et la vie. Un général républicain passe, le brave Manvelle lui dit : *Voilà un prisonnier, envois-le avec les autres*; et lui présentant la bourse et le porte-feuille : *voilà ce qu'il m'a remis*. Le général lui dit : *Je vais faire conduire le prisonnier ; c'est à toi à disposer du reste.* Aussi-tôt Manvelle donne la bourse et le porte-feuille au Prussien, et l'épée au général.

Un moment après, ce généreux citoyen, étant retourné à son poste, eut ses deux poches et son porte-feuille emportés par deux boulets de canon.

Dans une charge de cavalerie, un lieutenant du huitième régiment des chasseurs à cheval, se trouvant démonté, quittoit le champ de bataille pour aller prendre un autre cheval, lorsqu'il rencontra un chasseur du même régiment, nommé Fatou, qui conduisoit celui d'un dragon Autrichien qu'il venoit de terrasser. Le lieutenant lui demanda à l'acheter. *Ce cheval*, répondit le chasseur, *ne m'a couté que des coups de sabre ; prends-le, et paye-le de la même monnoie sur la tête de l'ennemi. Allons charger.* » Le lendemain, l'officier ne voyant pas venir le chasseur demander l'argent du cheval, le fit appeler ; mais toutes ses instances, pour lui en faire accepter la valeur, furent inutiles. Pichegru, général en chef, informé de ce trait de générosité, fit dire au chasseur de se rendre chez lui. Il lui proposa, au nom de la République, d'accepter le prix du cheval; il ne put l'y déterminer.

Bravoure.

Georges Toubin, âgé de vingt ans, volontaire au huitième bataillon du Jura, étoit placé en sentinelle avancée. Cinquante Autrichiens et émigrés s'approchent à trente pas en faisant feu sur lui. Toubin, au lieu de se sauver, riposte et brûle toutes ses cartouches. Ne pouvant soupçonner qu'un seul homme osât leur résister, les ennemis se retirèrent, en disant que c'étoit un piége qu'on leur tendoit. Le général donna à Toubin, en présence de la garnison de Strasbourg, un sabre et un pistolet; et la convention décréta que son président lui écriroit une lettre de satisfaction.

Sur les hauteurs de Wissembourg, Castel, grenadier au deuxième bataillon du quarantième régiment d'infanterie, dangereusement blessé d'un biscaïen, tombe noyé dans son sang. Un de ses camarades lui donne un peu d'eau-de-vie; Castel sent renaître ses forces,

se

se relève et vole au combat : mais le sang continue de couler, et Castel tombe sur le champ de bataille, en s'écriant : *Je meurs content, nous sommes maîtres de la redoute ; VIVE LA RÉPUBLIQUE !* Heureusement ce défenseur de la liberté est guéri de ses blessures.

A l'affaire de Niederottenbach, Michel Manu, dragon au dix-septième régiment, tua un hussard et emmena son cheval. Dans une autre affaire, il tua quatre fantassins du corps de Rohan, et reçut deux coups de feu. La veille de la prise de Lauterbourg, il tua un hussard autrichien, prit son cheval, et arracha un dragon du onzième régiment des mains de l'ennemi. A Frankendal, il prit un dragon ennemi avec son cheval, retourna au combat, tomba sur un corps d'infanterie, le dispersa et s'empara du cheval du commandant. Tous ces faits se passèrent sous les yeux de ses camarades, qui, pénétrés d'admiration pour son courage et sa modestie, lui accordèrent les témoignages les plus honorables de leur estime.

On doit respecter la vieillesse.

Chez les Lacédémoniens, les loix obligeoient les jeunes gens de céder le pas aux vieillards dans les rues, de se lever devant eux, de se tenir debout, dans une posture modeste, lorsqu'ils passoient. Chez les anciens Romains, les vieillards n'étoient pas moins honorés : en public, en particulier, ils ne cessoient de recevoir des marques de déférence. Au sortir des grands repas, après les fêtes publiques, les jeunes gens se faisoient un devoir de les reconduire chez eux. Les Républicains français professent les mêmes sentimens : ils en ont consigné l'expression dans un article de leur constitution.

Concorde fraternelle.

Il y avoit à Rome seize citoyens, portant le nom d'Ælius, qui tous, avec une famille nombreuse et leurs femmes, vivoient en esprit de concorde dans une maison très-étroite. L'un d'eux, surnommé Ælius-Tuberon, homme d'un excellent caractère, et qui supporta patiemment la pauvreté, fut choisi pour gendre par Paul Emile, consul et général romain.

Euclides, disciple de Socrate, fut renommé par la bonté de son cœur, et par son amitié pour son frère. Un jour, celui-ci croyant avoir à s'en plaindre, lui dit dans un mouvement de colère : *Que je meure si je ne me venge de toi.* — *Et moi*, répondit Euclides, *que je meure si je ne te force à m'aimer comme auparavant.*

Parmi les vertus qui avoient acquis à Proculéïus l'estime des Romains, on cite sa tendre amitié pour ses frères Muréna et Scipion. Après la mort de leur père, ces trois frères partagèrent le patrimoine qu'il leur avoit laissé. Mais la guerre civile ayant dépouillé les deux derniers de tout ce qu'ils possédoient, Proculéïus exigea qu'ils partageassent encore la portion qui lui étoit échue.

Lorsque Lamartinière, connu par les grands services qu'il a rendus aux écoles de chirurgie, fut mort, ses parens vinrent de très-loin pour récueillir sa succession. L'un d'eux, que les loix excluoient du partage, témoignant ses regrets d'avoir abandonné ses enfans, et d'avoir inutilement entrepris un si long voyage, les autres, par un mouvement de générosité digne d'éloges, prélévèrent sur la masse un lot qu'ils le prièrent d'accepter.

J'ai arrosé de larmes de tendresse, et je

porterai toujours gravée dans mon cœur cette phrase d'une lettre de mon frère Charles : *Notre pauvre frère Gabriel, qui nous a toujours servi de père, m'a laissé, par son testament, sa portion de patrimoine, et le peu de bien qu'il avoit amassé par son économie. C'est parce que je suis père d'une nombreuse famille, et parce que tu es garçon, qu'il m'a fait son héritier ; mais si tu n'es pas plus riche que moi, nous partagerons ; je t'offre même de tout te laisser, si tes besoins l'exigent.*

En date de Montmeillant, département du Mont-Blanc.

Actes de bienfaisance.

Grosse, aide-major du bataillon des Théatins, rentrant chez lui, trouve dans la rue un enfant de six ans, abandonné, pleurant et presque nud. Grosse le conduit à son épouse qui le caresse, le réchauffe et lui donne des vêtemens. Le lendemain il aprend que les parens de ce petit infortuné sont réduits à la plus affreuse misère, et qu'ils ont inutilement tenté de le faire entrer dans une maison de charité. A l'instant Grosse et sa femme, qui n'ont pour tout revenu que le médiocre produit d'un bureau de tabac et d'une petite loterie, et qui sont déjà chargés de sept enfans, en adoptent un huitième.

La commune de Vaujours, à quatre lieues de Paris, avoit été ravagée par la grêle : les glaneuses désolées cherchoient envain quelques épis. Les glaneuses de Tremblay qui avoient beaucoup moins souffert, arrêtent entre elles d'abandonner à leurs voisines la portion de leur territoire, qui touchoit à Vaujours.

Aussi-tôt que la pénurie des subsistances qu'on éprouvoit à Paris, fut connue dans le département du Mont-Blanc, les habitans de ce pays, qui, par leur amour de la liberté et leur attachement aux Français, méritoient bien de partager leurs brillantes destinées, arrêtèrent qu'ils prélèveroient sur leur consommation une grande quantité de denrées, qu'ils ne tardèrent pas d'envoyer à leurs frères. Cet exemple fut suivi par plusieurs départemens.

Dans le tems où Robespierre exerçoit ses actes tyranniques, un citoyen détenu dans la maison Lazare pour quelques légers soup-

çons, avoit chargé un des commissionnaires de cette prison de porter à sa femme des nouvelles de sa santé. Cange, c'est le nom du commissionnaire, trouve une mère de famille accablée sous le poids de la misère et de la douleur. Ce spectacle déchirant lui fait oublier qu'il nourrit lui-même plusieurs enfans à la sueur de son front; il tire de sa poche un assignat de cinquante livres, qu'il donne à cette femme, en lui disant : *Citoyenne, votre mari se porte bien; il a rencontré dans la prison un ami qui fournit à tous ses besoins : voilà ce qu'il m'a chargé de vous remettre.* De retour à la maison Lazare, Cange, songeant que le prisonnier doit être aussi dans la détresse la plus affreuse, l'aborde avec ces paroles : *Consolez-vous, mon brave citoyen, votre épouse se porte bien; sa fortune s'est un peu améliorée : une ancienne amie, qui est venue la voir, lui a laissé une somme, sur laquelle elle vous envoie ces cinquante livres.* Quelques jours après, le détenu, mis en liberté, vole dans le sein de sa famille. Après les caresses les plus tendres, les deux époux se félicitent mutuellement sur l'heureuse rencontre qu'ils ont faite; mais

BIBLIOTHÈQUE ROYALE

surpris l'un et l'autre de ce qu'ils se racontent ; ils ne tardent pas à deviner que le commissionnaire est le seul bienfaiteur. Le mari court chez ce respectable citoyen, qui, après plusieurs instances, convient du fait, en disant que *tout autre à sa place eût agi de même.* Depuis ce moment, les deux familles sont unies par les liens les plus doux, ceux de l'amitié et de la reconnoissance.

FIN.

www.ingramcontent.com/pod-product-compliance
Lightning Source LLC
LaVergne TN
LVHW020416230826
846091LV00004B/1295

* 9 7 8 2 0 1 3 5 5 5 0 3 6 *